Voor Linde

Mama's verdwijnen nooit helemaal
Tekst: Hilde Loeters / Illustraties: Sanne te Loo
© 2004 Uitgeverij Clavis, Amsterdam – Hasselt
Trefw.: afscheid
NUR 274
ISBN 90 448 0237 2 – D/2004/4124/045

www.clavis.be

Hilde Loeters

Mama's verdwijnen nooit helemaal

met illustraties van Sanne te Loo

Clavis

Linde schuift de gordijnen dicht. Eerst is het zo donker in haar kamer dat ze haar bed niet ziet. Ze tast naar haar kussen en glijdt haar bed in.

'Oma vindt mij raar,' zucht Linde.

'Waarom?' vraagt Schaap.

'Omdat ik niet met Els van de buren wil spelen. Omdat ik liever de hele middag op mijn kamer blijf. Met jou.'

Ze laat haar vingers over de wol van Schaap krieuwelen. Schaap kruipt dicht tegen haar aan.

'Je neus is koud,' zegt Schaap.

'Jouw poot is warm,' zegt Linde.

De krulharen kriebelen in haar neus.

'Huil jij ook om je mama?' vraagt Schaap.

Linde draait haar hoofd opzij. Ze schuift het laken van Schaap af.

Een dunne streep zon snijdt de kamer in tweeën. Het raam staat op een kier.

De gordijnen bewegen traag.

'Straks gaan ze naar huis,' vervolgt Linde. 'Dan speelt papa trompet en het meisje zingt alle liedjes die ze kent. Dat zijn er heel veel. Mama maakt warme chocolademelk. Ze stopt haar dochtertje in bed. Ze gaat in de schommelstoel zitten en leest voor uit een boek. Tot het meisje slaapt.'

Weer draait Linde haar hoofd opzij.

De ogen van Schaap glanzen.

'Huil jij om je mama?' vraagt Linde.

'Ergens, vroeger,' begint Schaap, 'had ik een schapenmam. Ze was warm en ze zong als het koud en donker was. We keken naar de sterren en ik kroop in haar wol. Als de zon scheen, maakte ik gekke, scheve sprongen. Dan porde mama met haar snuit in mijn zij. Op een dag was ze weg.'

Linde schrikt.

'Mama's verdwijnen niet zomaar,' zegt ze fel. 'Mama's verdwijnen nooit helemaal. Wij gaan jouw schapenmam zoeken. Kom.'

Ze trapt het laken naar het voeteneinde en springt uit bed. Met een ruk trekt ze de gordijnen open. Zon tuimelt de kamer in. Linde laat haar blote armen warm worden. De zonnebloemen op haar jurk groeien als ze zich rekt.

Mama houdt van die jurk. 'Was ik maar een bij,' zingt mama altijd als ze Linde-met-de-zonnebloemen ziet.

Oma vindt de jurk te dun voor maart.

Linde neemt haar paarse trui van de stoel en duikt erin.

De bloemen verdwijnen onder de dikke, paarse wol.

'Stil nu,' sist Linde op de gang.

De muur is kil tegen haar rug. Linde trekt haar buik in. Met een snelle beweging van haar hoofd wenkt ze Schaap.

'We gaan naar mama,' fluistert ze. 'Maar eerst kijken of oma er is.'

Ze schuifelt langs de muur en buigt naar voren. Ze gluurt om de hoek. Niemand.

'Kom!'

Na elkaar trippelen ze de gang over. Linde knipoogt naar Schaap, haar hand op de klink van mama's deur.

'Linde!' klinkt het zacht maar streng.

De trap kraakt, oma kreunt.

Linde kijkt om. Vlug tilt ze Schaap op en drukt hem tegen haar borst.

Oma hijst zich op de overloop. Haar natte handen veegt ze af aan haar schort. Haar adem piept in lange halen.

'Nu niet, Linde,' hijgt ze. 'Niet naar binnen gaan. Mama slaapt.'

'Alweer?'

'Sst, niet zo hard.'

Oma legt een klamme hand op Lindes hoofd.

'Straks misschien. Als ze eet. Als papa er is.'

'Ik wil in de tuin spelen,' zegt Linde, haar armen stijf om Schaap heen.

Oma knikt.

'Doe je jas aan. Het waait.'

Linde neemt Schaap mee de trap af. Ze kiest haar rode jas.

Schaap is dol op de eskimorand rond de kap.

'Vergeet je laarsjes niet,' zegt Schaap. 'Het gras in de wei is hoog en nat.'

Linde laat de keukendeur voorzichtig in het slot klikken.

Enkele tegels op het terras zijn nog nat.

'Spring!' roept Linde en ze springt van de ene tegel naar de andere.

De laatste sprong brengt haar bij het hek. Het zwaait geluidloos open.

Afwisselend op haar rechter- en haar linkervoet hinkelt Linde de zes treden af.

'Gras voor jou, Schaap,' gilt Linde en ze drukt Schaap tegen het natte gras.

'Ik hou niet van nat,' pruttelt Schaap en hij krabbelt overeind.

'Lopen!' schatert Linde.

Ze zigzagt tussen de madeliefjes. Schaap zet een sprintje in.

'Wie het eerst bij de pruimenboom is!'

Linde wint. Ze leunen tegen de stam van de boom. Hun ademhaling gaat snel. Lindes hart bonst, maar niet alleen van het lopen. Uit de tuin ontsnappen is altijd spannend. Als oma nu maar niet door het raam kijkt ...

Linde trekt het gaas omhoog. 'Jij eerst.'

Schaap wringt zich door het gat. Dan drukt Linde zich tegen de grond. Ze wurmt zich door de opening. Ze springt overeind en wrijft het gras en het nat van haar jurk.

'Naar de weide!' juicht Schaap.

De schapenweide ligt aan het eind van de dreef.

Linde zwijgt, de hele dreef lang.

De schapen liggen aan de andere kant van de wei.

'Jij moet ze roepen,' zegt Linde.

IJverig begint Schaap te blaten. Eén schaap staat moeizaam op. Ze sjokt naar Linde en Schaap en blijft op een afstandje staan.

'Mijn naam is Oena,' zegt ze en ze knijpt haar ogen samen. 'Wie zijn jullie?'

'Ik ben Linde en dit is ... Schaap,' wijst Linde.

'Elk schaap heeft een naam,' zegt Oena hoofdschuddend.

'Ik heet Kram,' haast Schaap zich.

Oena gooit haar kop in de nek. 'Kram,' snuift ze. 'Dat krult niet. Dat is geen naam voor een schaap.'

Nu hijsen ook de andere schapen zich overeind. Ze komen nieuwsgierig dichterbij.

'Oma noemt mij Kram,' zegt Schaap.

'Wat voor een schaap is Oma?' vraagt Oena.

Linde giechelt.

'Oma is ... oma,' probeert Schaap.

'Alleen je schapenmam kan jou een naam geven,' zegt Oena beslist. 'Is Oma een schaap?'

'Nee,' lacht Linde. 'Oma heeft wel krulletjes op haar hoofd, maar ze is geen schaap. Ze is een mens, net als ik.'

'Hm.' Er komen rimpels boven Oena's ogen. 'Dan kan die oma geen schapenmam zijn. Misschien ben jij wel een gemaakt schaap, Kram. Ik weet niet of je bij ons hoort ...'

Schaap laat zijn kop hangen. Linde geeft hem een aai en kriebelt zijn oren.

'… maar je mag wel eens rondkijken,' voegt Oena eraan toe.

Linde en Schaap kruipen onder de prikkeldraad. De kudde deinst achteruit.

Linde steekt haar hand uit.

'Toe maar,' sust ze. 'We doen geen kwaad. We zoeken alleen de schapenmam van Schaap. Oma is zijn schapenmam niet. Oma heeft geen wol. Ze heeft koude handen en draagt een schort. Ze zingt niet als het koud en donker is.'

Oena hobbelt naar Linde.

'Ik bedenk zopas iets,' blaat ze met een hoge stem. 'Kom mee.'

Linde volgt Oena naar de stal. Aan het eind van de wei is het gras te hoog voor Schaap. Linde tilt hem voorzichtig op.

In de stal ruikt het naar wol en warm, maar ook naar vies. Het is er donker. Op een bed van vuil stro ligt een mager schaap. Ze heeft haar poten onder zich gevouwen. Haar vacht heeft kale plekken en ze beeft.

'Dit is Ada, het oudste schaap van de dref tot de beek,' fluistert Oena. 'Haar lijf is versleten, maar ze is nog helder van geest. Ze kent alle oude verhalen.'

Linde schuifelt naar Ada.

Ada siddert. 'Zeg het maar, kind,' kraakt haar stem.

Ze sluit haar ogen terwijl Linde vertelt.

Dan blijft het stil. Is ze in slaap gesukkeld?

Als ze eindelijk spreekt, lijkt het of er stekels op haar stem zitten.

'Als de maan vol en rond aan de hemel staat,' vertelt ze, 'zingen wij onze schapenliederen. Elke maand opnieuw. We zingen van het gras en de boterbloemen. Van de sterren en de korte zomernachten. Van de winterkou die in je wol bijt. Maar ooit …'

Ze wacht even. Alsof ze de herinnering uit een ver kamertje in haar kop moet halen.

'… ooit was er een heel bijzonder schaap in deze weide. Ze had een prachtige stem. Ze zong graag mee met de kudde, maar het liefst zong ze voor haar lammetje. Voor hem verzon ze liedjes van melk en hoog zomergras en buitelen in het hooi …'

Ada's lijf begint te trillen en te beven. Haar stem zakt weg. 'Kom van-avond terug,' raspt ze. 'Vannacht is de maan weer vol en rond. Dan zul je het begrijpen.'

Oena duwt haar kop tegen Lindes rug.

'Laat haar nu, ze kan niet zo lang achter elkaar praten.'

'Haar naam!' roept Schaap nog. 'Hoe was de naam van dat bijzondere schaap?'

'Lana,' prevelt Ada. 'Haar naam was Lana.'

'We moeten rennen,' zegt Linde.

Met Schaap op haar arm holt ze de wei uit. Aan het eind van de dreef is ze buiten adem. Ze wurmt zich haastig onder het gaas door. Haar haren raken verstrikt en Schaap loopt een schram op, dwars over zijn neus.

Met twee treden tegelijk rent Linde de trap op naar het terras.

De keukendeur gaat met een ruk open. Oma vult de deuropening. Haar armen maken aan elke kant van haar lijf een driehoek. Haar ogen bliksemen.

'Waar was je toch?!'

'In de tuin …'

'Je was niet in de tuin,' bitst oma.

'Toch wel, oma. In de pruimenboom!' zegt Linde. 'Je keek niet goed.'

'Hm,' komt uit oma's keel. Haar handen kneden haar schort.

Achter haar rug klinkt een kuch. Papa zet twee grote stappen naar
voren en spreidt zijn armen.

'Mijn honnepon!'

Linde laat Schaap vallen. Een voet op papa's knie, een voet op zijn
heup. Dan tilt papa Linde op zijn schouders.

'En wat heeft mijn grote meid vandaag gespeeld?' hinnikt papa.

Linde neemt het paard bij zijn stropdas. Het paard galoppeert door de
keuken en laat Linde ver overhellen bij elke bocht. Linde gilt van
spanning.

Oma antwoordt in haar plaats. 'Een halve dag was ze zoek.'

'Zoek' klinkt als een vloek.

'Ze brabbelt de hele dag tegen Kram, dat vieze ding,' vervolgt oma.
'Maar tegen mij iets zeggen … ho maar!'
Ze tilt Schaap op, zijn oor tussen haar duim en wijsvinger.
'Schaap!' gilt Linde.
'En als ik niet oplet,' gaat oma door, 'loopt ze jullie slaapkamer in.'
Het paard houdt de pas in. Linde glijdt op de grond. Ze redt Schaap
uit oma's hand.
'Hoe gaat het met haar?' vraagt papa aan oma.
'Niets gegeten. Ze is misselijk. Erge hoofdpijn.'
Het lijkt of oma een beetje kleiner wordt.
'Hebben jullie het over mama?' vraagt Linde met een dun stemmetje.
Papa zakt neer op een stoel. Linde klimt op zijn knie.
'Heeft mama niets gegeten?' vraagt ze.
'Ze kan niet,' zegt papa. 'Ze is te ziek.'
'Wanneer wordt ze dan eindelijk beter?'
Schaap heft zijn kop op, even nieuwsgierig als Linde.
Papa aait Schaap over zijn rug.
Het lijkt of de gedachten zijn hoofd uit waaien als ik over mama
spreek, denkt Linde.
'Kom,' zegt hij na een poos. 'We gaan eens kijken hoe het met mama
gaat.'

Linde neemt Schaap onder de arm.

Papa neemt Linde bij de hand.

'We doen stil,' zegt papa op de trap. 'We zijn muizen.'

Linde trippelt achter hem aan naar boven.

Voor de deur van de slaapkamer draait papa zijn hoofd naar haar om.
Hij knipoogt terwijl hij de deurklink naar beneden duwt. Maar Linde
ziet hoe zijn hand beeft.

Mama's armen liggen naast haar dunne lichaam op het bed. Ze draait
meteen haar gezicht naar de deur.

Ze heeft al lang haar bruine zomerkleur niet meer. Toch schrikt Linde
elke keer van die bleke wangen.

Is dit nog altijd dezelfde mama?

Mama probeert een glimlach.

'Kijk eens aan, daar komt mijn gezin,' zegt ze schor.

Papa gaat op de rand van het bed zitten. Hij drukt zijn lippen op
mama's voorhoofd.

'Goed geslapen, lieverd?'

'Ik ben een slaapkampioen,' zucht mama. 'Niemand doet het beter dan
ik. Kom je mij een medaille brengen, Linde?'

Linde is bij de deur blijven staan, Schaap stijf tegen haar borst. Nu
doet ze een stap naar voren.

'Kom,' wenkt mama en ze legt haar hand op de plaats naast zich in bed.

Linde parkeert haar laarsjes bij de kleerkast. Op haar knieën kruipt ze over het bed.

'Lekker dicht bij mij,' zegt mama. '… en Schaap moet er ook bij.'

Met een zucht drukt Linde zich tegen mama aan. Ze trekt het dekbed tegen haar rug en over haar hoofd heen. Nu zit ze in een warm, donker hol. Ze duwt haar neus tegen mama's arm. Mama ruikt zoals alleen mama ruikt. Linde legt haar hoofd op mama's borst.

'En ik?' hoort ze papa's stem gedempt.

'Grote jongens kunnen wachten.' Mama's stem doet haar ribben trillen. Het hol trilt mee.

'Zeg nog eens iets, mam?' vraagt Linde.

'Waarom?' trilt het in het hol.

'Zeg nog eens waarom.'

'Waarom?'

'Honderd keer waarom, mama.'

'Waarom, waarom, waarom …' begint mama.

Het trilt weer in het warme hol. '…rom …rom …rom.'

Ik woon in een hol, diep onder de grond, denkt Linde. Alleen met mijn mama. Het is nacht en er brandt een heel klein lampje. Mama zit naast mijn bed en bromt een liedje. Ze zit in haar schommelstoel …

Linde merkt niet dat mama ophoudt met brommen. De schommel-stoel deint traag op en neer. Lindes armen en benen worden zwaar. Ze zakt weg in een diepe slaap.

Plots fel licht in het hol. Linde knijpt haar ogen dicht. Ze gaat verward rechtop zitten. Schaap schrikt.

'Sst,' hoort ze papa.

Mama's oogleden zijn nog witter dan haar wangen. Linde wentelt van haar weg.

'Ze slaapt weer,' fluistert papa.

Linde schuift naar de rand van het bed. Schaap schuift mee. Papa trekt het dekbed tot aan mama's kin. In de kamer is het kil. Linde rilt. Haar laarsjes staan als twee soldaten op wacht voor de kast. Linde neemt Schaap onder haar ene arm en de laarsjes onder de andere. Op kousenvoeten sluipt ze weg. Bij de deur kijkt ze nog eens om.

Mama lijkt op een engel. Engelen hebben ook witte gezichten en gouden krullen. Ze dragen lange jurken en hebben vleugels.

Misschien krijgt mama ook vleugels.

Als ze maar niet van mij wegvliegt, denkt Linde.

Papa stopt mama's hand onder het dekbed. Met zijn arm om Lindes schouders stappen ze stil de kamer uit. Ze lijken wel twee dieven. De deur valt zacht in het slot.

Papa blaast een lange stroom lucht uit.

'Kom, honnepon,' murmelt hij in Lindes oor. 'Eens kijken wat oma vanavond voor ons op tafel zet.'

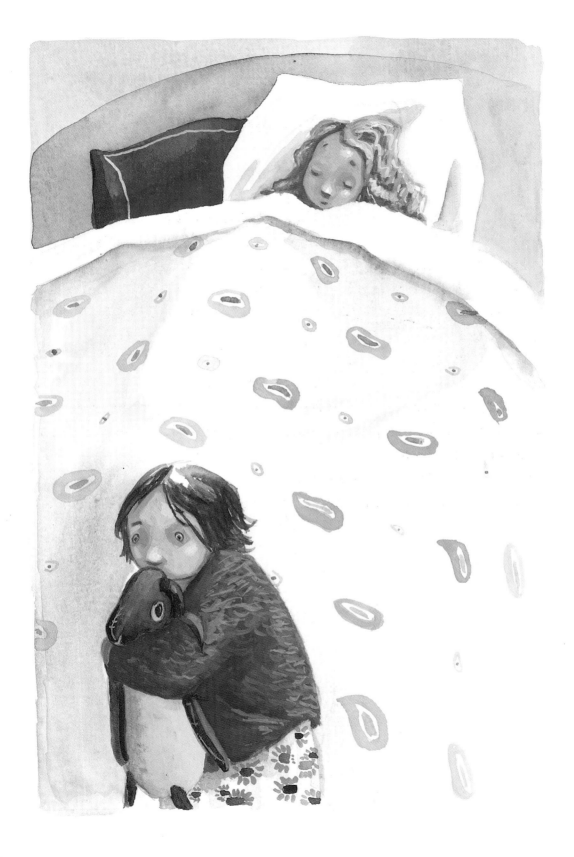

Oma tuit haar lippen als ze de keuken binnenkomen.

'Zijn jullie daar eindelijk,' moppert ze. 'De macaroni wordt koud.'

Ze maakt een hoop herrie met deksels en lepels.

'Was je handen, Linde!' beveelt ze.

'Waar bleef je toch zo lang?' Ze werpt een boze blik naar papa.

Papa laat zich op een stoel vallen. Hij steekt zijn armen in de lucht en steunt zijn hoofd met beide handen.

'Toe nou, ma,' smeekt hij.

Linde kijkt naar buiten. Traag wrijft ze haar handen droog aan de handdoek. Schaap maakt zich klein onder haar arm.

Oma kwakt de macaronischotel op tafel. Met een klap gooit ze de grote scheplepel ernaast.

'Hou je ook eens rekening met mij?!' barst ze los. 'Ik moet het kind in de gaten houden. Wassen, strijken, koken …' Er verschijnen rode vlekken in oma's hals, net boven de rand van haar schort.

'Jullie kunnen ten minste op tijd komen voor het eten!'

Papa legt zijn beide handen vlak op tafel.

'Wat is het belangrijkst, denk je,' zegt hij langzaam. 'Denk je dat ik eerst wil eten, nog voor ik mijn vrouw heb gezien? Denk je dat ik macaroni belangrijker vind dan mijn Mara?!'

Papa's stem maakt vreemde sprongetjes. Linde houdt de handdoek voor haar gezicht. Ze schuifelt naar de verste hoek van de keuken. Schaap snikt tegen haar borst.

'Je beseft niet wat het voor mij is!' schreeuwt oma. 'Me altijd maar uitsloven en geen greintje dankbaarheid krijgen. En dat kind dat altijd ongehoorzaam is en haar eigen gang gaat!'

Linde krimpt ineen. Papa veert op.

'Laat haar toch bij haar moeder zijn!' valt hij uit.

'Niets daarvan! De arme Mara raakt helemaal uitgeput!' zegt oma fel.

'We hebben geen bewakers nodig in huis. Het is hier verdraaid geen gevangenis!'

'Dus ik kan opkrassen ...' zegt oma ijzig.

Ze rukt haar schort open. Een knoopje rolt over de vloer en valt stil voor Lindes voeten.

Papa's vuist komt hard neer op tafel.

'Dat bedoel ik niet! Natuurlijk ben ik blij met jouw hulp!'

'Daar is anders niets van te merken,' schreeuwt oma terug.

Linde drukt zich tegen het raam aan.

'Ik ben verdwaald in het bos. Ik vind de weg naar het hol niet meer terug en het onweer barst los,' fluistert Linde in het oor van Schaap.

'Rennen?' vraagt Schaap zacht.

'Rennen,' knikt Linde.

Ze trekt de keukendeur open en snelt het terras over. De trapjes af, de tuin in. Het onweer in de keuken rommelt voort. Hoe verder Linde holt, hoe zwakker het gedonder klinkt. Bij de pruimenboom laat ze zich in het gras vallen. Schaap kruipt omhoog in haar oksel. In het grijs van de lucht pinkelen de eerste sterren. De kou dringt door Lindes paarse trui heen en doet de zonnebloemen rillen.

'Je hebt je jas niet aan,' zegt Schaap. 'En je laarzen.'

'Nee,' zegt Linde. Haar gedachten zijn niet bij Schaap. In haar hoofd ziet ze het bleke gezicht van mama.

'Ik denk dat mama nooit meer beter wordt,' zegt ze stil.

In haar borst begint iets te schokken. Ze drukt Schaap tegen haar wang en huilt de krullen op zijn kop kletsnat. Het duurt lang voor het weer kalm wordt in haar borst en in haar hoofd. De sterren zijn harder gaan schitteren en de maan hangt rond en geel boven hun huis. In het donker zijn de ogen van Schaap twee glanzende rondjes.

'Gaat het nog door?' vraagt Schaap met een piepklein stemmetje.

'Wat?' vraagt Linde.

'We zouden naar de schapenweide gaan,' mekkert Schaap zacht.

'Natuurlijk gaat het door,' zegt Linde. 'We moesten alleen wachten op het donker.'

'Gaan we nu?' vraagt Schaap en hij maakt sprongetjes van ongeduld.

Linde veegt haar wangen droog.

'We gaan,' zegt ze en ze springt op.

Er staan geen lantaarns langs de dreef naar de schapenweide. De bomen trekken brede strepen door het maanlicht op de grond.

Tweemaal struikelt Linde over bulten in de weg. Telkens botst Schaap tegen haar op.

Bij het hek van de schapenweide brandt een lantaarn. Al van ver zien ze Oena in de lichtcirkel heen en weer lopen.

'Ada wacht op jullie!' blaat ze ongeduldig. 'Kom mee!'

Linde laat zich op haar knieën vallen en tilt de prikkeldraad op.

'Jij eerst, Schaap,' zegt ze en ze geeft hem een zetje.

'Het gras is te hoog,' bibbert Schaap.

'Kom,' zegt Linde en Schaap nestelt zich in de plooi van haar arm.

'Stil,' sist Oena achter haar rug. 'De schapen zingen. Je mag hen niet storen midden in een lied.'

'Ik hoor niets,' fluistert Schaap.

Linde houdt haar hoofd scheef. De wind fluistert stille woorden in de kruinen van de bomen. Het riet aan de overkant van de wei knarsetandt. Niet zo ver van hen vandaan trilt een bijna onhoorbaar lied door de nacht.

'Ik ben bang,' rilt Schaap.

'Sst,' zegt Linde. 'Luister. Hoor je dat zachte zoemen? Het komt van vlakbij, het lijkt wel of …'

'Het zijn de schapen,' mekkert Oena. 'Kom mee, de stal in.'

Ze stoot met haar kop tegen Lindes rug.

'Loop door. Hier is de deuropening. Trap niet op de schapen.'

In de duisternis ziet Linde haar eigen voeten niet. Bij elke stap die ze zet, tast ze voorzichtig met haar tenen voor zich uit.

'O, pardon,' mompelt ze als ze tegen een wollig lijf botst.

'Ben je daar?' kraakt Ada's stem vanuit een hoek van de stal. 'Hierheen! Oena, breng het meisje hierheen.'

Oena leidt Linde door de stal. Het gezoem is opgehouden. Ze hurkt neer bij het trillende lijf van het oude schaap.

'Je bent gekomen,' zegt Ada. 'Goed voor jou, goed voor Schaap.' Haar stem stokt. Haar ademhaling raspt door haar keel. Zachter vervolgt ze: 'Kijk omhoog en luister.'

In het donker om haar heen schurkt een schapenlijf zich tegen een ander. Poten ritselen in het stro. Een schaap laat zich neerzakken en drukt haar wol tegen Lindes rug.

'Omhoog,' herhaalt Ada. 'Kijk omhoog!'

Linde legt haar hoofd in de nek. In het ondoordringbare duister boven haar hoofd zit een groot gat. Door de opening ziet Linde het grijsblauwe van de nachtlucht met hier en daar een pinkelende ster en dunne wolkenflarden.

'Straks,' fluistert Ada. 'Als de maan hoger geklommen is …'

Linde laat zich onderuitzakken en legt haar hoofd op de schapenrug naast haar. De warmte van het dier kruipt in haar huid. Schaap wurmt zich uit de plooi van haar arm en nestelt zich tussen Linde en het wollige lijf.

Een lange rilling trekt door de stal. Dan hoort Linde een zacht gezoem uit vele schapenkelen. Samen met de warmte van het schaap tegen haar rug tintelt het lied tot in haar vingertoppen. Het lijkt alsof ze de melodie herkent. Ze doet haar ogen dicht …

Linde ziet de schapen door de weide rennen. Dan ziet ze zichzelf. Aan de rand van de weide reikt ze in de zak oud brood die mama haar aangeeft. Ze lachen en mama schudt de laatste kruimels over de omheining …

Veel later stoot Ada zachtjes tegen haar arm. Linde schrikt op. Naast haar ligt Schaap te snurken.

'De maan is er,' fluistert Ada. 'Nu moet je luisteren.'

Linde blikt omhoog. Vol en helder schijnt de maan door de opening in het dak. Enkele wolken hebben zich verdicht tot dikke, wollige dotten. Onder de maan schuiven ze door de lucht.

'Schaap,' schudt Linde hem wakker. 'Luister dan.'

'Wat? Waar?' schrikt Schaap.

'Sst,' doet Linde.

De schapen hummen luider en een gezoem als van een grote wolk bijen vult de stal. Het lijkt of hun lied opstijgt door het gat in het dak. 'Dit lied heeft Lana ons geleerd,' murmelt Ada. 'Jouw moeder, Schaap.' 'Mijn schapenmam?!' Schaaps stem klinkt hoog en luid.

Ada knikt. 'O, ze hield zo van je, je schapenmam. Haar pootjes waren dun en slap geworden, maar toch zong ze voor je, zo vaak ze maar kon. Op die bijzondere nacht, toen de maan rond en vol was als nu, zong ze van de wolken. We hoorden hoe haar stem hoger en hoger klom … Toen is ze op een wolk gestapt. Ze dreef zo de wei uit. Maar als de wind goed zit, kunnen we haar zien. Vorige week nog zag ik haar hoog in de lucht boven de stal. Kijk omhoog en je zult haar zien!'

'Omhoog?' Schaap staat al op zijn tenen. Hij zoeft de stal uit.

'Wacht, Woldo!'

Ada's stem kan hem niet stoppen.

'Woldo?'

Linde kijkt Ada verwonderd aan.

'Ja,' knikt Ada. 'Ik heb er de hele dag over nagedacht. Pas vanavond begreep ik het. Schaap is Woldo, Lana's lammetje, haar zoon. Lana was te zwak voor het gewone schapenleven. Daarom is ze op een wolk gesprongen. Maar ze is er. En ze zal er altijd zijn. Alleen wisten we niet wat er met haar schapenjong gebeurd was.'

'Oma vond hem,' vult Linde aan. 'In de dreef, in de berm. Er zat modder in zijn oren en zijn neus. Ze nam hem mee, stopte hem in bad en gaf hem aan mij. Ik vroeg haar hoe hij heette. Kram, zei ze en ze haalde een stukje ijzer uit zijn poot. Dat was nog voor mama ziek werd,' voegt Linde eraan toe.

Tegelijk voelt ze een zwaar gewicht op haar schouders drukken.

'Is je mama ziek?' herhaalt Ada.

'Ja,' zegt Linde.

Ze wil nog meer zeggen, maar de woorden haperen in haar keel.

'Ga naar huis, kind,' fluistert Ada. 'Het is al lang bedtijd.'

Schaap rent voor de stal heen en weer.

'Niets!' Teleurstelling doet zijn stem trillen.

'Ik zie haar niet,' zegt hij.

Linde tilt hem op.

'Misschien zie je haar morgen wel. Morgen kijken we de hele dag naar de wolken. En wie weet zien we haar dan wel. Bovendien,' voegt ze eraan toe, 'moet ik jou nu Woldo noemen.'

'Woldo … Woldo, Woldo.'

Schaap laat de Woldo's in zijn mond rondtollen. Hij proeft de naam aan alle kanten.

'Nee,' schudt hij. 'Alleen mijn schapenmam mag mij Woldo noemen. Voor alle anderen blijf ik Schaap.'

'Afgesproken,' knikt Linde. 'En nu naar huis!'

Het wordt veel moeilijker dan ze dacht. De lantaarn bij het hek brandt niet meer en Oena is er niet om hen door de wei te loodsen. Het zwakke schijnsel van de maan licht hen maar weinig bij. Linde zet voorzichtige stappen en tast voor zich uit.

Ook de dreef lijkt tien keer zo lang als anders. Elk geluidje in de struiken doet Lindes hart sneller slaan. Gelukkig is Schaap er, warm tegen haar borst.

Bij de tuin blijft Linde verrast staan. Alle lichten branden in huis: in de keuken en op de eerste verdieping. Zelfs het peertje op de zolder brandt. De lichtplas in de tuin reikt bijna tot aan de pruimenboom.

Linde ziet oma in de keuken. Ze zet een pan van de tafel op het fornuis en dan weer terug. Ze hobbelt van de deur naar het raam en terug. Voortdurend wrijft ze haar handen af aan haar schort.

Op de eerste verdieping loopt papa voor het raam heen en weer.

Linde draalt bij de pruimenboom.

Straks begint het onweer opnieuw.

'Ik wil naar bed,' pruilt een schapenstemmetje tegen haar borst.

'Ik ook,' geeft Linde toe.

Ze strekt haar rug. Met grote passen steekt ze de tuin over. De trapjes naar het terras neemt ze met twee tegelijk.

In de keuken gooit oma haar armen in de lucht. Linde ziet haar mond happen. De deur zwaait open. Oma's pantoffels klepperen het terras op.

'Kind toch, kind toch,' jammert ze. 'Waar blééf je?!'

Linde stikt bijna in oma's schort, zo stevig wordt ze vastgepakt.

'Je beeft helemaal. Je wangen zijn ijskoud. Kom vlug binnen.'

Pas als ze in de warme keuken zit, voelt Linde hoe ze rilt.

'Zo 's avonds laat zonder jas rondlopen. Kindje toch! Ik warm een kop melk voor je.'

Papa valt de kamer binnen.

'Linde, mijn honnepon! We zochten je overal!'

Hij tilt Linde uit de stoel.

'... en mama is zo ongerust. Kom, we vertellen haar dat je terecht bent.'

'Eerst ...' zegt oma streng, '... haar melk.'

Papa blijft onbeweeglijk in de deuropening staan. Linde is een lappen-pop in zijn armen. Schaap houdt de adem in.

'Juist,' geeft papa toe. 'Linde, drink je melk op. Ik ga al naar boven. Kom dan ook naar mama. Goed?'

Linde knikt. Ze glijdt uit papa's armen en schuift weer op de stoel.

'Drink maar, kindje,' zegt oma.

Linde voelt de warmte door haar keel glijden. In haar borst en buik begint het te gloeien.

'Goddank, je krijgt weer kleur. Trek je trui maar uit, die is vies.'

Linde steekt haar armen omhoog. Haar nek wordt langer als oma de paarse trui over haar hoofd trekt.

'Nog goed dat je dat zonnebloemendingetje eronder draagt,' bromt oma.

'Hou je niet van zonnebloemen, oma?' vraagt Linde.

'Toch wel, kind. Toch wel. Maar niet nu. Het is er de tijd niet voor.'

'Wanneer is het wel de tijd, oma?'

'Och, in de zomer. Als het warm is. Als iedereen loopt te puffen.'

'Mama houdt altijd van zonnebloemen,' beweert Linde. 'Het hele jaar door.'

'Je mama. Ja.'

Oma zet trage stappen door de keuken. Haar rug wordt krommer. Ze houdt haar handen in haar schort. Bij het raam kijkt ze omhoog.

Zoekt oma naar de wolken? vraagt Linde zich af.

'Mijn melk is op,' zegt ze.

Ze schuift haar stoel onder de tafel.

Mama's benen bungelen over de rand van het bed. Haar hoofd ligt op papa's schouder. Een beetje scheef hangt ze tegen hem aan.

'Mijn kind is zoek en ik kan niet eens uit bed komen,' zegt ze hees. Rare schokken trekken door haar hele lichaam.

'Stil maar,' sust papa, met zijn mond tegen mama's haar. 'Ze is terecht.' Hij legt een brede hand over mama's dunne vingers.

Papa heeft sterke handen, denkt Linde. Hij kan mama met één hand optillen.

Ze is op de overloop blijven staan. Haar voeten lijken vastgelijmd op het tapijt. Papa merkt haar het eerst op.

'Linde!'

Hij schuift een beetje weg van mama.

Linde kruipt in het holletje tussen hen in.

'En ik?' fluistert Schaap.

'Jij mag ook,' zegt Linde.

'Zonnebloemetje van me,' zucht mama. 'Ik was zo ongerust.'

Linde wil vertellen van Schaap en zijn schapenmam. Van het lied en de wolken. Maar de woorden in haar hoofd zijn al ingedut.

'Was ik maar een bij,' zingt mama zacht. Haar vingers trippelen op de bloemblaadjes van Lindes jurk. Het kietelt, Linde kronkelt, de zonnebloemen wiegen.

'Bijen zijn dol op zonnebloemen die dansen,' zegt mama.

'En zonnebloemen houden van kietelen,' zegt Linde.

Ze doet haar ogen dicht.

Ik woon in een huis met veel kamers, denkt Linde. Mama zit in haar schommelstoel en humt een liedje. Mijn buik is dik en warm van de chocolademelk. Mijn wangen gloeien. Papa maakt de luiken open. Wolken schuiven door de lucht boven het dak. En altijd dansen er zonnebloemen in de tuin. En de bijen kietelen.